ALLOCUTION

PRONONCÉE LE 6 AOUT 1889

Dans l'Église primatiale de Saint-Jean

PAR

M. le Chanoine de SAINT-PULGENT

A L'OCCASION DU

MARIAGE

DE

MADEMOISELLE JULIE DUQUAIRE

AVEC

MONSIEUR ANTOINE BIÉTRIX

LYON

IMPRIMERIE MOUGIN-RUSAND

3, rue Stella, 3

1889

ALLOCUTION

PRONONCÉE AU MARIAGE

DE

Mademoiselle Julie DUQUAIRE

AVEC

Monsieur Antoine BIÉTRIX

ALLOCUTION

PRONONCÉE LE 6 AOUT 1889

Dans l'Église primatiale de Saint-Jean

PAR

M. le Chanoine de SAINT-PULGENT

A L'OCCASION DU

MARIAGE

DE

MADEMOISELLE JULIE DUQUAIRE

AVEC

MONSIEUR ANTOINE BIÉTRIX

LYON

IMPRIMERIE MOUGIN-RUSAND

3, rue Stella, 3

—

1889

Jeunes Époux,

Je suis très heureux de répondre en ce beau jour de vos noces religieuses au désir de deux honorables familles, et surtout, Mademoiselle, à l'appel de la vôtre, que j'affectionne depuis ces jours bien éloignés déjà, où, sur la colline des Chartreux, je recevais de vos grands-parents des témoignages d'une bonté que j'aime à rappeler ici.

Il me semble les voir du haut du Ciel, s'associer à la touchante cérémonie de votre union.

Votre respectable Pasteur, dont la présence appelle aussi sur vous les bénédictions célestes, eût bien plus fait que d'y prendre part par ses

prières, s'il n'eût craint que ses forces ne tra-
hissent son courage. Son attachement pour votre
famille, le tendre intérêt qu'il porte à votre bonheur, l'eussent certainement engagé à bénir l'union
de la fille chérie de l'un de ses plus honorables
paroissiens, votre père vénéré, qui jouit de toute
l'estime de la circonscription primatiale, et qui,
outre la considération qui l'environne au Barreau, a
encore su conquérir celle de la cité entière, dans
l'exercice des fonctions de Maire du 5e arrondisse-
ment.

Pourrais-je ne pas être satisfait, Monsieur et
Mademoiselle, d'unir dans vos personnes des
familles si bien faites pour resserrer en vous des
liens encore plus intimes, puisque par leur position
et leurs sentiments, elles offrent tout ce qui, au
point de vue des convenances sociales, fait les
mariages parfaitement assortis.

Aujourd'hui que les principes religieux dont
s'inspiraient autrefois nos familles françaises dans
les actes solennels de la vie, ont subi, dans un

grand nombre, des altérations profondes, un prêtre éprouve une vraie consolation, lorsqu'il lui est donné de cimenter devant les autels une alliance dans laquelle se rencontrent, à côté des avantages humains, ces traditions de foi et de piété, qui sont la condition des unions chrétiennes.

Et vous aussi, jeunes époux, en face des perspectives gracieuses qui s'ouvrent devant vous, vous devez, dans l'effusion de vos cœurs, remercier ce Dieu qui, en vous prédestinant l'un à l'autre, vous a fait le don d'aussi dignes parents, qui n'ont rien négligé pour vous préparer par le bienfait d'une excellente éducation à la vocation sérieuse dans laquelle vous entrez aujourd'hui.

Unissant la leçon à l'exemple, ils vous ont appris non seulement à bien penser, mais surtout à bien faire ; à agir, non pour l'opinion du monde, mais pour la conscience, qui nous donne la réponse de Dieu.

Par la noblesse de leurs sentiments, et le spectacle d'une vie où la dignité s'est constamment trouvée unie à la simplicité, ils vous ont appris que l'ostentation ne fait pas la vraie grandeur, pas plus que les apparences extérieures ne font le vrai mérite ; par conséquent, qu'il faut être, plus encore que paraître, et opérer le bien sans en faire jactance.

Ils vous ont encore enseigné par la fermeté de leurs convictions, qualité si rare de nos jours, à ne pas fléchir dans la conduite, à ne pas faire avec le mal des accommodements coupables, à ne pas se croire dans la vie uniquement pour y goûter de continuelles jouissances, mais à s'y tenir comme à un poste de combat, en chrétiens militants, qui ne peuvent continuer de l'être qu'à ce prix, et disputer ainsi les générations de l'avenir à l'œuvre de déchristianisation qui s'opère au grand jour.

C'est une grande chose que d'être appelé à l'honneur de fonder une famille, car si Dieu exauce nos prières, vous verrez votre foyer orné de joyeux berceaux.

Cette œuvre de l'éducation, vous la remplirez

comme un ministère saint et sacré, par lequel vous dirigerez vers leur destinée immortelle les jeunes âmes qui vous seront données en dépôt par Dieu, et pour les lui conserver pures, vous aurez envers elles quelque chose de sa tendre et vigilante paternité.

Une famille chrétienne, c'est un sanctuaire intime et réservé; mais c'est aussi un vivant Évangile, un phare lumineux où Dieu veut que sa vérité brille devant les hommes, et où soit arboré sous toutes les formes de l'action le drapeau du bien.

A chacun son rôle dans le ménage chrétien. Pour vous, Monsieur, qui appartenez à une famille anciennement et honorablement connue, où une grand'mère vénérable, qui en est l'âme, a su maintenir une étroite union, et faire circuler une même vie d'affection et un même esprit de vertu, après avoir fidèlement répondu, comme les natures choisies, à tous les soins par lesquels un père et une mère accomplis, ont cultivé votre jeunesse, vous allez être maintenant la tête de la famille; vous en aurez la direction, vous en gérerez les intérêts,

vous y représenterez l'autorité ; et Dieu sait comme
votre prudence et votre tendresse la rendront tuté-
laire et protectrice, et avec quel sage tempérament
de bonté vous saurez l'exercer.

Votre épouse sera votre compagnie préférée,
votre confidente, votre plus chère consolation ; et
quand après les affaires, vous rentrerez à la maison,
la retrouver affable et empressée, sera pour vous
une joie toujours nouvelle, et vous saurez la rendre
plus délicate encore, par d'agréables occupations
d'où l'art ne sera pas exclu.

Et vous, Mademoiselle, vous n'habiterez plus,
il est vrai, ce foyer de famille où vous avez grandi,
et où vous avez respiré tous les parfums des vertus
domestiques ; mais, vous échangerez ces douceurs
que vous ne perdrez pas tout à fait, contre celles
de l'intimité d'un époux, qui, en faisant le charme
de votre vie, sera en même temps votre guide et
votre plus sûr appui.

Vous aurez aussi votre champ d'action, où vous

exercerez un empire incontesté. Parce que dans votre intérieur, vous régnerez en portant le sceptre de la douceur qui conquiert l'influence, et, en cela, vous serez l'image de cette mère si chrétienne et si sympathique à tous, dont vous reflétez les vertus.

L'autorité s'impose et ne s'accepte pas toujours volontiers. L'influence bien exercée gagne, sans que l'on s'en doute, les cœurs et les volontés, et l'on a vu des hommes même supérieurs être transformés comme à leur insu par l'influence d'une femme vertueuse, et qui savait allier aux grâces de son sexe, les charmes pénétrants de la vertu.

Oui, s'écrie l'Esprit Saint, bienheureux est l'époux d'une femme bonne ! Elle sera la récompense de l'homme qui craint Dieu à cause de ses bonnes œuvres. Elle délectera son époux, et elle engraissera ses os.

Oh ! qu'elle est belle, cette union chrétienne, forte comme la foi jurée, et comme les serments contractés devant les autels. Le trépas lui-même ne la désunira pas, et ne fera que la perfectionner. C'est elle qui rend forts les époux chrétiens contre l'épreuve, qui les rend sages et tempérants dans l'usage des biens, qui les fait se répandre en dévouements intarissables sur des êtres chéris qui sont d'autres eux-mêmes. Elle leur met au cœur cette douce chose qui s'appelle la commisération.

Des époux heureux par la religion ne peuvent voir la misère sans la secourir. Et ils se retranchent pour cela de vaines superfluités, car la charité c'est leur luxe et leur plus douce jouissance.

Par conséquent, en ce moment, Époux que je vais bénir, recueillez-vous devant Dieu, car c'est l'heure solennelle qui va vous unir par les prières de l'Eglise.

Et vous, parents et amis, qui assistez attendris à cette cérémonie, unissez-vous aux rites sacrés et au saint sacrifice, et faites monter avec une vive foi vers le Dieu des Patriarches ces prières qui ont attiré autrefois sur eux ces bénédictions séculaires qui leur ont donné, avec la fécondité de la postérité, la fécondité des bonnes œuvres.

Et par elles, pieux parents, vous verrez ces jeunes époux prospérer sous vos yeux, vous vous sentirez revivre en eux, vous jouirez de leur bonheur ; et eux-mêmes, après avoir passé ici-bas dans une union sans nuage, non seulement des jours fortunés, mais encore de longs jours, ayant joui à deux des félicités de la terre, ils contempleront aussi à deux les visions de l'Eternité.

Lyon. — Imp. Mougin-Rusand.